Ich möchte mich wieder einmal freuen können!

Sinnsprüche

Walter Zigmund (Hrsg.)

Ich möchte mich wieder einmal freuen können!

Sinnsprüche

Bibliografische Information der Deutschen Nationalbibliothek:
Die Deutsche Nationalbibliothek verzeichnet diese Publikation in der
Deutschen Nationalbibliografie; detaillierte bibliografische Daten sind
im Internet über http://dnb.d-nb.de abrufbar.

© 2012 Walter Zigmund
Fotos: Walter Riegler
Umschlagdesign, Satz, Herstellung und Verlag:
Books on Demand™ GmbH, Norderstedt
ISBN 978-3-8448-3155-9

Gott, schenke mir
Gelassenheit,
das hinzunehmen,
was ich nicht ändern kann.

Gott, schenke mir
Mut,
das zu ändern,
was ich ändern kann.

Gott, schenke mir
Weisheit,
das eine vom andern
zu unterscheiden.

Johannes XXIII.

„Gott zählt auch die Ausländer."

G. B. Shaw

„Wer sich zum Wurm macht, kann nachher nicht klagen, wenn er mit Füßen getreten wird."

Immanuel Kant

„Was für die Zeit erzogen wird, wird schlechter als die Zeit."

Jean Paul

„Friede erquickt, der Zank erstickt! Zum Zanke gehören immer zwei, schweigst Du, so ist der Zank vorbei."

Verfasser unbekannt

„Wenn ich ein Lamm schenken will, laß ich's durch keinen Wolf überreichen."

Friedrich von Schiller

„Der gerade Weg ist in der Politik meist unpassierbar."

Harold Macmillan

„Erziehung ist Beispiel und Liebe, sonst nichts."

Friedrich Fröbel

„Grausam ist's, den Fallenden zu drängen."

Shakespeare

„Man soll die Treppe immer von oben nach unten putzen, auch im Staat."

Adolf Spemann

„Pointe ist das, was einem nicht einfällt, wenn man es am dringendsten braucht."

Peter Wehle

„Das Martyrium ist der einzige Weg, ohne Begabung zur Berühmtheit zu werden."

G. B. Shaw

„Eigensinn ist die Energie der Dummen."

Baltasar Gracian

„Ruhm ist die Summe der Mißverständnisse, die sich um einen Namen sammeln."

Rainer Maria Rilke

„Es schlägt nicht immer ein, wenn es donnert."

Verfasser unbekannt

„Erfahrung ist eine strenge Lehrerin. Sie stellt zuerst die Prüfaufgaben und beginnt erst danach mit dem Unterricht."

Verfasser unbekannt

„Es sind nicht alle frei, die ihrer Ketten spotten."

Lessing

„Mit dem Herzen allein wird das Herz geleitet."

Pestalozzi

„Das Dumme an der heutigen Jugend ist, daß man selbst nicht mehr dazugehört."

Salvador Dali

„Es ist ein Merkmal der Dummheit, daß sie sich selbst nicht erkennt."

Curt Goetz

„Man kann in Kinder nichts hineinprügeln, aber vieles herausstreicheln."

Astrid Lindgren

„Wer stark ist, kann es sich erlauben, leise zu sprechen."

Theodore Roosevelt

9

„Die Sprache der Liebe ist eine Geheimsprache, und in ihrer höchsten Vollendung so schweigsam wie eine Umarmung."

Robert Musil

„Es gibt viele Möglichkeiten, Karriere zu machen, aber die sicherste ist noch immer, in der richtigen Familie geboren zu werden."

Donald Trump

„Nichts auf der Welt ist so gerecht verteilt wie der Verstand: Jeder glaubt, genug bekommen zu haben."

Jaques Tati

„Wenn man beginnt, seinem Paßphoto ähnlich zu sehen, sollte man in Urlaub fahren."

Ephraim Kishon

„Moderne Bildung hat man dann erreicht, wenn man Zeus nur mehr als Rakete kennt."

Hellmut Walters

„Lieber der Erste hier als der Zweite in Rom."

Julius Caesar

„Der Chef ist ein Mensch wie alle anderen. Er weiß es nur nicht."

Verfasser unbekannt

„Wer Mut und Glauben besitzt, wird nie untergehen."

Anne Frank

„Wer nicht beißen kann, soll auch nicht knurren."

Verfasser unbekannt

„Wenn man im Mittelpunkt einer Party stehen will, darf man nicht hingehen."

Aundrey Hepburn

„Brauchst du eine hilfreiche Hand, so suche sie am Ende deines rechten Armes."

Abraham Lincoln

„Lache nie über die Dummheit der anderen. Sie ist Deine Chance."

Winston Churchill

„Bei den Erfolgsmenschen ist meist der Erfolg größer als die Menschlichkeit."

Daphne de Maurier

„Erfahrung ist der Name, mit dem jeder seine Dummheiten bezeichnet."

Oscar Wilde

„Die Menschen sind einsam, denn sie errichten Mauern anstelle von Brücken."

Joseph Fort Newton

„Stellen Sie sich die Stille vor, wenn die Leute immer nur das sagen würden, was sie wissen."

Karel Capek

„Wer immer recht haben will, muß oft seine Meinung wechseln."

Dusan Radovic

„Der Charakter eines Menschen läßt sich leicht daran erkennen, wie er mit Leuten umgeht, die nichts für ihn tun können."

Verfasser unbekannt

„Persönlichkeiten sind Menschen, die solche geblieben sind, obwohl sie Karriere gemacht haben."

G. Uhlenbruck

„Nur Dummköpfe wissen auf alle Fragen eine Antwort."

John Irving

„Üble Nachred' ist bald flügg' und läßt viel Gestank zurück."

Verfasser unbekannt

„Brennt Deines Nachbarn Wand, so gilt's auch Dir."

Horaz

„Die Rachsucht ist ein verkehrtes Gut, heile nicht Übel mit Übel."

Herodot

„Neid ist des Ruhmes Begleiter."

Cornelius Nepos

„Ganze Sachen sind immer einfach wie die Wahrheit selbst. Nur die halben Sachen sind kompliziert."

Heimito von Doderer

„Die Kritik an anderen hat noch niemandem seine eigene Leistung erspart."

Verfasser unbekannt

„Da Christus Menschen erziehen wollte, mußte er Mensch werden. Sollen wir Kinder erziehen, so müssen wir auch mit ihnen Kinder werden."

Martin Luther

„Gebete verändern nicht die Welt. Gebete verändern Menschen, und Menschen verändern die Welt."

Albert Schweizer

„Heirate oder heirate nicht, Du wirst beides bereuen."

Sokrates

„Der Starke ist am mächtigsten allein."

Schiller

„Wo ein Brutus lebt, muß Caesar sterben."

Schiller

„Es wäre wenig in der Welt unternommen worden, wenn man nur immer auf den Ausgang gesehen hätte."

Lessing

„Der Schwache kann nicht verzeihen. Verzeihen ist eine Eigenschaft des Starken."

Mahatma Gandhi

„Für das Können gibt es nur einen Beweis: das Tun."

Marie von Ebner-Eschenbach

„Vollkommenheit muß das Ziel eines jeden wahren Künstlers sein."

Ludwig van Beethoven

„Schmutziges Wasser wird wieder klar, wenn man es stehen läßt."

Laotse

„Unergründlich ist nur die Dummheit."

Paul Ernst

„Verzeihen ist die beste Rache."

Verfasser unbekannt

„Den lieb' ich, der Unmögliches begehrt."

Goethe

„Der Geist, aus dem wir handeln, ist das Höchste."

Goethe

„Auf dem, der unterliegt, soll man nicht sitzen."

Verfasser unbekannt

„Nur wer ganz vergißt, vergibt ganz."

Verfasser unbekannt

„Der Ursprung aller Dinge ist klein."

Cicero

„Rache macht ein kleines Recht zu großem Unrecht."

Verfasser unbekannt

„Von der Zunge hängt des Menschen Würde und Glück ab."

Erasmus von Rotterdam

„Wer sagt, er habe verstanden – und nichts geändert, der hat nichts verstanden."

Verfasser unbekannt

„Aufrichtigkeit ist wahrscheinlich die verwegenste Form der Tapferkeit."

William S. Maugham

„Allen zu verzeihen ist ebensowohl Grausamkeit wie keinem zu verzeihen."

Seneca

„Heimat ist der Mensch, dessen Wesen wir vernehmen und erreichen."

Max Frisch

„Es gibt Gänse, die einen Fuchs zur Strecke bringen."

Verfasser unbekannt

„Durch die Liebe und den Tod berührt der Mensch das Unendliche."

Alexandre Dumas d. J.

„Erfahrung ist eine verstandene Wahrnehmung."

Immanuel Kant

„Handle so, wie Du kannst wollen, daß auch andre handeln sollen."

Friedrich von Bodenstedt

„Die Wurzel aller Sittlichkeit ist die Selbstbeherrschung."

Fichte

„Lasset die Sonne nicht über eurem Zorn untergehen."

Bibel

„Der gnädigste von allen Richtern ist der Kenner."

Schiller

„Lehre tut viel, aber Aufmunterung tut alles."

Goethe

„Zum Tun gehört Talent, zum Wohltun Vermögen."

Goethe

„Takt ist die Fähigkeit, andere so darzustellen, wie sie sich selber gerne sehen."

Abraham Lincoln

„Verächtlich ist, wer als Verleumder spricht, doch noch verächtlicher der Hinterbringer."

Fr. v. Bodenstedt

„Gewissen ist jene innere Stimme, die uns rät, keine Fingerabdrücke zu hinterlassen."

Malcom Brigg

„Arbeit fasziniert mich – ich kann stundenlang dabei zuschauen."

Arnaldo Forlani

„Taktlosigkeit ist der Entschluß, etwas zu sagen, das alle denken."

Oscar Wilde

„Toleranz ist eine Eigenschaft, die dem Reichen zu erklären erlaubt, Armut sei keine Schande."

Robert Lembke

„Schlagfertigkeit ist das, was Dir auf dem Nachhauseweg einfällt."

Verfasser unbekannt

„Umleitungen sind die beste Chance, endlich die eigene Stadt kennenzulernen."

Dannv Kaye

„Zeit ist die einzige Anleihe, die selbst ein dankbarer Empfänger nicht zurückzahlen kann."

Seneca

„Teamwork ist eine Verschwörung der Mittelmäßigkeit."

David Ogilvy

„Alter macht zwar immer weiß, aber nicht immer weise."

Verfasser unbekannt

„Wer da liegt, über den läuft alle Welt hin."

Agricola

„Man vergißt vielleicht, wo man die Friedenspfeife vergraben hat, aber man vergißt niemals, wo das Beil liegt."

Verfasser unbekannt

„Was lange dauern soll, sei lang erwogen."

Franz Grillparzer

„In der Mitte wirst Du am sichersten gehen."

Ovid

„Wenn die Moral nicht anstieße, würde sie nicht verletzt werden."

Karl Kraus

„Dem Manne muß die Musik Feuer aus dem Geist schlagen."
Beethoven

„Was Deinen Gegnern nicht gelingt, werden Deine Schulter-klopfer vollbringen."

Rudolf Hagelstange

„Die Tränen lassen nichts gelingen, wer schaffen will, muß fröhlich sein."

Theodor Fontane

„Neid ist die aufrichtigste Form der Schmeichelei."
John Churton

„Logik ist ein Verfahren, das uns glauben macht, daß eine Sache, die nicht schwarz ist, weiß sein müsse."

Richard Wiggins

„Literatur ist die Unsterblichkeit der Sprache."
Horst Dieter Schlosser

„Liebe ist der Triumph der Phantasie über den Verstand."
H.L. Mencken

„Was einmal gut gedacht und gesagt ist, soll man beruhen lassen und nichts daran ändern."

Goethe

„Die wahre Liberalität ist Anerkennung."

Goethe

„Das Genie entdeckt die Frage, das Talent beantwortet sie."

Waggerl

„Schön ist dasjenige, was ohne Interesse gefällt."

Kant

„Nur die heitere, die ruhige Seele gebiert das Vollkommene."

Schiller

„Nur dem nützt das Lob, der den Tadel zu schätzen versteht."

Robert Schumann

„Gerechte Sache gibt auch Selbstgefühl."

Sophokles

„Maßlose Furcht macht stets zum Handeln ungeschickt."

Aischylos

„Erbittert Eure Kinder nicht, auf daß sie nicht scheu werden."

Kolosserbrief

„Nichtstun ist besser als mit vieler Mühe nichts schaffen."

Laotse

„Gebeugt erst zeigt der Bogen seine Kraft."

Grillparzer

„Wer nicht Undank leiden kann, ist der Welt ein unnützer Mann."

Rollenhagen

„Wer allzu klug ist, findet keine Freunde."

Verfasser unbekannt

„Die ersten Entschließungen sind nicht immer die klügsten, aber gewöhnlich die redlichsten."

Lessing

„Besser ist, es gibt Skandal, als daß die Wahrheit zu kurz kommt."

Papst Gregor I.

„Unser Inneres soll von der großen Menge verschieden sein. Unser Äußeres passe sich ihr an."

Seneca

„Erziehung ist die billigste Verteidigung der Nation."

Edmund Burke

„Laß jedermann das tun, was er am besten versteht!"

Cicero

„Die Eitelkeit ist der Stolz des Schwachen."

Weber

„Unbedingter Gehorsam setzt bei den Gehorchenden Unwissenheit voraus."

Montesquieu

„Der Unwissende wird also bei den Unwissenden mehr Glauben finden als der Wissende."

Platon

„Zum steten Lernen bleibt auch das Alter jung."

Aischilos

„Wer seinen Kopf verloren hat, merkt seinen Verlust als letzter."

Verfasser unbekannt

„Als wir noch dünner waren, standen wir uns näher."

Georg Kreisler

„Gut sein ist edel. Andere lehren, gut zu sein, ist noch edler. Und leichter."

Mark Twain

„Einem Lässigen gerät sein Handeln nicht."

Sprüche Salomons

„Jeder hat soviel Recht, wie er Macht hat."

Spinoza

„Nichts, dem Gerechtigkeit mangelt, kann moralisch richtig sein."

Cicero

„Macht ist Pflicht – Freiheit ist Verantwortlichkeit."

Marie von Ebner-Eschenbach

„Unter allen Diebsgesindel sind die Narren die schlimmsten. Sie rauben Euch beides, Zeit und Stimmung."

Goethe

„Auch im Rahmen des Weltbildes nisten Wanzen."

Lec

„Nur wenige Menschen sind klug genug, hilfreichen Tadel nichtssagendem Lobe vorzuziehen."

La Rochefoucauld

„Wo wir uns bilden, da ist unser Vaterland."

Goethe

„Wo Verstand befiehlt, ist Gehorsam leicht."

Fontane

„Glück ist meistens nur ein Sammelname für Tüchtigkeit, Klugheit, Fleiß und Beharrlichkeit."

Charles F. Kettering

„Humor ist eine nette Form der Weitergabe von Einsichten."

Verfasser unbekannt

„Stil ist richtiges Weglassen des Unwesentlichen."

Anselm Feuerbach

„Die Figur ist etwas, das jeder hat, das aber bei jungen Mädchen besser aussieht."

Verfasser unbekannt

„Geduld ist die Kunst zu hoffen."

Friedrich Schleiermacher

„Gerüchte sind die Rauchfahnen der Wahrheit."

Verfasser unbekannt

„Glücksgefühle sind wohltätig für den Körper, aber die Kräfte des Geistes werden durch Kummer entwickelt."

Marcel Proust

„Es gibt keine unantastbaren Moralgesetze, aber es gibt unantastbare Spielregeln."

Hans Krailsheimer

„Lieber ein Narr und glücklich als ein weiser Mann und unglücklich."

Horst Wolfram Geißler

„Wo viel Weisheit ist, da ist viel Grämens, und wer viel lehren muß, der muß viel leiden."

Prediger Salomo

„Weisheit kommt nach der Enttäuschung."

George Santayana

„Wer es in etwas, sei es noch so gering, zur Vollkommenheit bringt, der ist für sein Leben geborgen."

Pestalozzi

„Wer etwas ist, bemüht sich nicht zu scheinen. Wer scheinen will, wird niemals etwas sein."

Rückert

Ein Mann, der Herrn K. lange Zeit nicht gesehen hatte, begrüßte ihn mit den Worten: „Sie haben sich aber gar nicht verändert." – „Oh!" sagte Herr K. und erbleichte.

Bert Brecht

„Wenn Du ein Schiff bauen willst, so trommle nicht Männer zusammen, um Holz zu beschaffen, Werkzeuge vorzubereiten, Aufgaben zu vergeben und die Arbeit zu verteilen, sondern lehre die Männer die Sehnsucht nach dem weiten endlosen Meer."

Antoine de Saint-Exupery

„Ich habe Blumen nur mit einer gewissen Verlegenheit auf ein Grab gelegt, weil ich überzeugt bin, daß die, die wir geliebt haben, eigentlich ganz woanders sind."

Albert Schweizer

„Fünf Vorsätze für jeden Tag:
Ich will bei der Wahrheit bleiben.
Ich will mich keiner Ungerechtigkeit beugen.
Ich will frei sein von Furcht.
Ich will keine Gewalt anwenden.
Ich will in jedem zuerst das Gute suchen."

Mahadma Gandhi

„Ein Hund, der stirbt, und der weiß, daß er stirbt wie ein Hund, und der sagen kann, daß er weiß, daß er stirbt wie ein Hund, ist ein Mensch."

Erich Fried

„Großer Geist, hilf mir, daß ich niemanden richte, ehe ich nicht einen halben Mond lang in seinen Mokkassins gegangen bin."

Indianisches Gebet

„Der Unbescholtene: „Ich habe noch nichts gestohlen, also bin ich ein ehrlicher Mensch. Und noch kein Kind zerfleischt, also bin ich kein Wilder …
Und noch keine Frau vergewaltigt, also bin ich zärtlich …
Ich war noch in keiner Anstalt, also bin ich normal …""

Erich Fried

„Das Erste, was der Mensch im Leben vorfindet und das Letzte, wonach er seine Hand ausstreckt, und das Kostbarste, was er besitzt, auch wenn er es nicht achtet oder wahrhaben will, ist seine Familie."

Adolph Kolping

„Ein jeder wackrer Mann ist ein Mann von Wort."

Corneille

„Wer im Licht wandert, stolpert nicht."

Verfasser unbekannt

„Gewissen ist Gottes Gegenwart im Menschen."

Swedenborg

„Was siehst Du aber den Splitter in Deines Bruders Auge und wirst nicht gewahr des Balkens in Deinem Auge."

Matthäus

„Im Unglück lernt man sich selbst am besten kennen, weil man nicht mehr durch Freunde abgelenkt wird.

Samuel Johnson

„Ich hielt meinen Rücken denen hin, die mich schlugen. Herr, gib mir ein Gesicht, so hart wie ein Kiesel."

Prophet Jesaja

„Vergib Deinen Feinden, aber vergiß ihre Namen nicht."

John F. Kennedy

„Wer die bessere Einsicht hat, darf sich nicht scheuen, unpopulär zu werden."

Winston Churchill

„Der Ausgangspunkt für die großartigsten Unternehmungen liegt oft in kaum wahrnehmbaren Gelegenheiten."

Demosthenes

„Einen versöhnten Freund fürchte wie den Teufel."

Verfasser unbekannt

„Gelegentliche Ausschweifungen wirken anregend. Sie verhüten, daß Mäßigkeit zur Gewohnheit abstumpft."

Somerset Maugham

„Wer mit der Eitelkeit schwanger geht, der gebiert Lügen."

Christoph Lehmann

„Wer zu schmeicheln versteht, versteht auch zu verleumden."

Napoleon

„Wer geduldig ist, der ist weise; wer aber ungeduldig ist, der offenbaret seine Torheit."

Sprüche Salomons

„Anstrengung ist für edle Geister eine Stärkung."

Seneca

„Wer die Dummköpfe gegen sich hat, verdient Vertrauen."

Jean Paul Satre

„Wer auf dem Meer gewesen ist, scheut sich nicht mehr vor Pfützen."

Verfasser unbekannt

„Philosophie ist ein liebevoller Umgang mit der Weisheit."

Verfasser unbekannt

„Nichts ist erbärmlicher als die Resignation, die zu früh kommt."

Marie von Ebner-Eschenbach

„Die Jugend ist die Zeit, Weisheit zu lernen. Das Alter ist die Zeit, sie auszuüben."

Jean-Jaques Rousseau

„Jedes Kind ist gewissermaßen ein Genie und jedes Genie gewissermaßen ein Kind."

Schopenhauer

„Nur das fröhliche Herz allein ist fähig, Wohlgefallen am Guten zu empfinden."

Kant

„Weisheit entspringt nicht so sehr aus dem Verstand als aus dem Herzen."

Peter Rosegger

„Ein Leben ohne Feste ist eine weite Reise ohne Gasthaus."

Demokrit

„Man bleibt jung, solange man noch lernen, neue Gewohnheiten annehmen und Widerspruch ertragen kann."

Marie von Ebner-Eschenbach

„Ein freundliches Wort kostet nichts und ist doch das schönste aller Geschenke."

Daphne du Maurier

„Echte Autorität ist nicht Gewaltausübung und Machtanspruch, sondern Vorbild und Beispiel."

Erwin Ringel

„Achtung verdient, wer erfüllt, was er vermag."

Sophokles

„Persönlichkeiten, nicht Prinzipien, bringen die Zeit in Bewegung."

Oscar Wilde

„Bei der Parodie gibt's zwei Möglichkeiten: Entweder man ist besser als das Original oder man läßt's bleiben."

Martin Flossmann

„Des trefflichen Wortes trefflichste Würze liegt in Wahrheit, Klarheit und Kürze."

Verfasser unbekannt

„Jede Rede erscheint eitel und nichtig, wenn die Tat ihr nicht Nachdruck gibt."

Demosthenes

„Die wichtigste Zeit ist der Augenblick."

Leo Tolstoi

„Wem viel gegeben ist, von dem wird viel verlangt."

Johann Gottfried von Herder

„Man kann sich auch an offenen Türen den Kopf einrennen."

Georg Simmel

„Lieben heißt, mit dem Herzen bewundern. Bewundern heißt, mit dem Geist lieben. "

Theophile Gautier

„Die Größe ist gefährlich und der Ruhm ein leeres Spiel."

Franz Grillparzer

„Wer sich überhebt, verrät, daß er noch nicht genug nachgedacht hat."

Christian Morgenstern

„Wer das Mögliche erreichen will, muß das Unmöglich fordern."

Verfasser unbekannt

„Nichts in der Welt ist so mächtig wie eine Idee, deren Zeit gekommen ist."

Victor Hugo

„Erzähle mir die Vergangenheit, und ich werde die Zukunft erkennen."

Konfuzius

„Die Natur macht nichts vergeblich."

Aristoteles

„Gebildet ist, wer weiß, wo er findet, was er nicht weiß."

Georg Simmel

„Wer keinen Charakter hat, ist kein Mensch, sondern eine Sache."

Chamfort

„Es gibt Menschen, die Fische fangen und solche, die nur das Wasser trüben."

Sprichwort aus China

„Ein Poet versteht die Natur besser als der wissenschaftliche Kopf."

Novalis

„Wie kahl und jämmerlich würde manches Stück Erde aussehen, wenn kein Unkraut darauf wüchse."

Raabe

„Die Natur macht nichts vergeblich."

Aristoteles

„Die Wahrheit ist nie trostlos."

Ranke

„Den Wind kann man nicht verbieten, aber man kann Mühlen bauen."

Holland

„Offenheit verdient immer Anerkennung."

Bismarck

„Tugend ist der einzige Adel."

Benjamin Franklin

„Der Lohn eines Amtes ist das Amt selbst."

Seneca

„Nichts halb zu tun ist edler Geister Art."

Wieland

„Weisheit ist Harmonie."

Novalis

„Weisheit kommt nach der Enttäuschung."

George Santayana

„Cleverness ist überall nützlich, aber nirgends ausreichend."

Henry F. Amiel

„Ein wertvoller Schutz vor Feinden ist der Humor."

Verfasser unbekannt

„Selbstbewußtsein ist die Fähigkeit, sich als Original zu fühlen, auch wenn man nur eine Kopie ist."

Verfasser unbekannt

„Das Leben ist ein ewiges Werden. Sich für geworden halten, heißt sich töten."

Friedrich Hebbel

„Glücklich, wem von allen Gaben klaren Sinn die Götter gaben."

Sophokles

„Wer naß ist, fürchtet keinen Regen."

Verfasser unbekannt

„Das Leben besteht in der Bewegung."

Aristoteles

„Wer nicht schon in der Arbeit Genugtuung findet, der wird nie zur Zufriedenheit gelangen."

Peter Rosegger

„Es ist gut, wenn das Herz naiv ist, aber nicht der Kopf."

Anatole France

„Es ist nichts widerwärtiger als ein Dummkopf, der Glück hat."

Cicero

„Ein Hauptzug aller Pädagogik: unbemerkt Führen."

Christian Morgenstern

„Kleine Glöcklein klingen auch."

Verfasser unbekannt

„Das Wort ist frei, die Tat ist stumm, der Gehorsam blind."

Friedrich Schiller

„In jedem Kinde liegt eine wunderbare Tiefe."

Robert Schumann

„Die öffentliche Meinung ist die unsichtbare Rüstung des Volkes."

Börne

„Klug fragen können, ist die halbe Wahrheit."

Francis Bacon

„Reue ist Verstand, der zu spät kommt."

Feuchtersleben

„Ungeduld ist Angst."

Stefan Zweig

„Aufrichtigkeit ist der Gipfel guter Manieren."

Bernhard Shaw

„Der Mensch kann nur Mensch werden durch Erziehung."

Immanuel Kant

„Wer interessieren will, muß provozieren."

Salvadore Dali

„Genius ist ewige Geduld."

Michelangelo

„Die Autorität des Erziehers schadet oft denen, die lernen wollen."

Cicero

„Glücklich, wem von allen Gaben klaren Sinn die Götter gaben."

Sophokles

„Der, der ich bin, grüßt trauernd den, der ich sein möchte."

Karl Rahner

„Den Menschen, die große Eigenschaften besitzen, verzeiht man ihre kleinen Fehler am schwersten."

Marie von Ebner-Eschenbach

„Einigkeit macht stark, aber meistens auch blind."

Graff

„Der Gesetzgeber soll denken wie ein Philosoph, aber reden wie ein Bauer."

Rudolf von Thering

„Ich bin bereit, überallhin zu gehen, wenn es nur vorwärts ist."

David Livingstone

„Feigheit ist der wirksamste Schutz gegen die Versuchung."

Mark Twain

„Wir werden nicht für unsere Sünden bestraft, sondern durch sie."

Elbert Hubbard

„Philosophieren heißt zweifeln."

Montaigne

„In der Fremde erfährt man, was die Heimat wert ist."

Ernst Wiechert

„Wer einer Partei treu bleiben will, muß oft seine Meinung ändern."

Verfasser unbekannt

„Der Mensch muß zur inneren Ruhe gebildet werden."

Pestalozzi

„Das Gedächtnis nimmt ab, wenn man es nicht übt."

Cicero

„Jedes Schreckensbild verschwindet, wenn man es fest ins Auge faßt."

Fichte

„Der Bach, der stets den Weg des geringsten Widerstandes geht, wird krumm."

Oesch

„Die Armut kann niemandem an seinem Adel schaden, wohl aber der Reichtum."

Boccaccio

„Besser schlichten als richten."

Verfasser unbekannt

„Wer den Kern essen will, muß die Nuß knacken."

Verfasser unbekannt

„Anfangen ist leicht, Beharren eine Kunst."

Verfasser unbekannt

„Wer die Leiter hält, ist so schuldig wie der Dieb."

Verfasser unbekannt

„Einen Wahn verlieren macht weiser als eine Wahrheit finden."

Ludwig Börne

„Wer etwas wert ist, den machen Erfahrung und Unglück besser."

Verfasser unbekannt

„Eine Kerze anzünden ist besser, als die Dunkelheit zu verwünschen."

Verfasser unbekannt

„Das Urteil der Menge mache Dich immer nachdenklich, aber niemals verzagt."

Platen

„Ich wäre bereit, um meinem geliebten Kind ein bestimmtes Spielzeug zu beschaffen, bis ans Ende der Welt zu reisen. Ohne Kind natürlich!"

Ephraim Kishon

„Freundschaft ist eine Seele in zwei Körpern."

Aristoteles

„Erziehen heißt, den Kampf gegen sich selbst in seinen Kindern weiterkämpfen."

Verfasser unbekannt

„Laßt jedermann das tun, das er am besten versteht."

Cicero

„Der Lohn einer guten Handlung liegt daran, daß man sie vollbracht hat."

Seneca

„Nur wer das Ziel kennt, kann treffen."

Griechenland

„Wer immer auf sein Recht pocht, bekommt wunde Finger."

Volker Schöndorff

„Arbeiten, um nicht denken zu müssen, ist auch Faulheit."

Erhard Blanck

„Angesichts von Hindernissen mag die kürzeste Linie zwischen zwei Punkten die krumme sein."

Bert Brecht

„In freien Staaten kann jeder seine Meinung sagen, und jeder andere ist befugt, nicht zuzuhören."

Verfasser unbekannt

„Der Mensch ist gut, nur seine Nerven sind schlecht."

Mose Ben Gavriel

„Humor ist überwundenes Leiden an der Welt."

Jean Paul

„Glück ist ein Abfallprodukt des Strebens nach Vollendung."

Richard Graf von Coudenhove-Kalergi

„Wer zum Glück der Welt beitragen möchte, der sorge zunächst einmal für eine glückliche Atmosphäre in seinem eigenen Haus."

Albert Schweizer

„Unglück hat mich gelehrt, Unglücklichen Hilfe zu leisten."

Vergil

„Moralische Entrüstung ist der Heiligenschein der Scheinheiligen."

Helmut Qualtinger

„Wer zu handeln versäumt, ist noch keineswegs frei von Schuld. Niemand erhält seine Reinheit durch Teilnahmslosigkeit."

Siegfried Lenz

„Die strengsten Richter eines Mannes sind seine Kinder."

Thornton Wilder

„Musik ist höhere Offenbarung als Weisheit und Philosophie."

Beethoven

„Gib mir einen Punkt, wo ich hintreten kann, und ich bewege die Erde."

Archimedes

„Das Unglück ist der Prüfstein des Charakters."

Samuel Smiles

„Wer nicht mehr liebt und nicht mehr irrt, der lasse sich begraben."

Goethe

„Höchsten Stolz beweist ein Mensch, der das Gute auch dann tut, wenn es niemand bemerkt."

Verfasser unbekannt

„Manche Leute drücken nur deshalb ein Auge zu, damit sie besser zielen können."

Billy Wilder

„Eine der fröhlichsten Erfahrungen im Leben ist es, als Zielscheibe zu dienen, ohne getroffen zu werden."

Winston Churchill

„Der Staat ist eine Anstalt zum Schutz, nicht zur Versorgung."

Franz Grillparzer

„Keines Menschen Gedächtnis ist so gut, daß er ständig erfolgreich lügen könnte."

Abraham Lincoln

„Jammern ist der Gruß der Kaufleute."

Phönizisch

„Jeder Krieg ist eine Niederlage des menschlichen Geistes."

Henri Miller

„Wenn eine Gesellschaft nicht mehr träumen kann, wird sie wahnsinnig."

Lenin

„Wer siegen lernt in Niederlagen, wird auch das Glück des Sieges ertragen."

Emanuel Geibel

„Bildung ist das, das die meisten empfangen, viele weitergeben und wenige haben."

Karl Kraus

„Das Wahre währt."

Verfasser unbekannt

„Die größte aller Schwächen ist, schwach zu erscheinen."

Jaques Benigne Bossuet

„Wer Erfolg haben will, darf keine Angst haben, Fehler zu begehen."

Frank Tyger

„Unsere Toleranz wird getestet, wenn wir in der Mehrheit sind. Unser Mut wird getestet, wenn wir in der Minderheit sind."

Ralph W. Sockman

„Ich bin zu schwach, um mich beugen zu können."

Charles de Gaulle

„Männer von Zünften regieren mit schlechten Vernünften."

Verfasser unbekannt

„Wer nur um Gewinn kämpft, erntet nicht, wofür es sich lohnt zu leben."

Saint-Exupery

„Mache dich von den Vorurteilen los, und du bist gerettet."

Marc Aurel

„Musik ist die Poesie der Luft."

Jean Paul

„Ein wahrer Diplomat ist ein Mann, der zweimal nachdenkt, bevor er nichts sagt."

Winston Churchill

„Wer sich nur selbst spielen kann, ist kein Schauspieler."

Goethe

„Aufrichtigkeit ist wahrscheinlich die verwegenste Form der Tapferkeit."

William Somerset Maugham

„Alles Vortreffliche ist selten."

Cicero

„Erziehung ist die billigste Verteidigung der Nation."

Edmund Burke

„Meist überschätzt man sich dort, wo man andere unterschätzt."

Elfriede Hablé

„Kleine Sorgen machen viele Worte, große sind stumm."

Verfasser unbekannt

„Hüten wir uns, denen die Wahrheit mitzuteilen, die nicht imstande sind, sie zu fassen."

Rousseau

„Die meisten Menschen wollen lieber durch Lob ruiniert als durch Kritik gerettet werden."

Verfasser unbekannt

„Wo der Ehrgeiz endet, fängt das Glück an."

Verfasser unbekannt

„Die Leute, denen man nie widerspricht, sind entweder die, welche man am meisten liebt, oder die, welche man am geringsten achtet."

Marie von Ebner-Eschenbach

„Die Theorie ist eine Vermutung mit Hochschulbildung."

Jimmy Carter

„Glücklich das Volk, dessen Geschichte sich langweilig liest."

Montesquieu

„Menschen stolpern nicht über Berge, sondern über Maulwurfshügel."

Konfuzius

„Wer Dein Schweigen nicht versteht, versteht auch Deine Worte nicht."

Elbert Hubbard

„Ideologie ist Ordnung auf Kosten des Weiterdenkens."

Friedrich Dürrenmatt

„Erst wenn man genau weiß, wie die Enkel ausgefallen sind, kann man beurteilen, ob man seine Kinder gut erzogen hat."

Erich Maria Remarque

„Wer für Dich lügt, wird auch gegen Dich lügen."

Verfasser unbekannt

„Du bist auf dem Wege zum Erfolg, wenn Du begriffen hast, daß Verluste und Rückschläge nur Umwege sind."

C. W. Wendte

„Der Gerechte geht heim, doch sein Licht bleibt."

Dostojewsky

„In nichts sollte man vorsichtiger sein als in der Auswahl seiner Vorurteile."

Goethe

„Arroganz ist das Selbstbewußtsein des Minderwertigkeitskomplexes."

Jean Rostand

„Es ist besser, unvollkommene Entscheidungen durchzuführen, als beständig nach vollkommenen Entscheidungen zu suchen, die es niemals geben wird."

Charles de Gaulle

„Vieles erfahren haben heißt noch nicht, Erfahrung zu besitzen."

Marie von Ebner-Eschenbach

„Den guten Steuermann lernt man erst im Sturm kennen."

Seneca

„Nur dem nützt das Lob, der den Tadel zu schätzen versteht."

Robert Schumann

„Erhoffe das Beste und sei gefaßt auf das Schlimmste."

Verfasser unbekannt

„Idealist sein heißt Kraft haben für andere."

Novalis

„Wer nichts fürchtet, ist nicht weniger mächtig als der, der alles fürchtet."

Friedrich Schiller

„Irrtümer sind die Stationen auf dem Weg zur Wahrheit."

Dostojewsky

„Der Preis der Größe heißt Verantwortung."

Churchill

„Eine halbe Wahrheit ist eine ganze Lüge."

Verfasser unbekannt

„Die Angst ist ein schlechter Ratgeber, aber ein guter Spion."

Verfasser unbekannt

„Verständliche Sprache bei einem Politiker zeugt von gutem Gewissen."

André Malraux

„Lebensstandard ist kein würdiger Ehrgeiz für eine Nation."

Charles de Gaulle

„Milde erreicht mehr als Heftigkeit."

Lafontaine

„Immer zu mißtrauen ist ein Irrtum, wie immer zu vertrauen."

Goethe

„Philosophie ist liebevoller Umgang mit der Wahrheit."

Dante

„Humor ist keine Gabe des Geistes, sondern eine Gabe des Herzens."

Börne

„Man hilft den Menschen nicht, wenn man für sie tut, was sie selbst tun können."

Abraham Lincoln

„Macht können wir nur durch Wissen erlangen, aber zur Vollendung gelangen wir nur durch die Liebe."

Tagore

„Erfahrungen – das sind nur die vernarbten Wunden unserer Dummheit."

John Osborn

„Wahrheit ist die Sonne des Geistes."

Vauvenargues

„In dieser Welt gibt es immer Gefahren für die, die sie fürchten."

G. B. Shaw

„Jedwede Zeit hat ihre Wehen."

Feiligrath

„Glücklich, wer mit den Verhältnissen zu brechen versteht, bevor sie ihn gebrochen haben."

Franz List

„Maßlose Furcht macht stets zum Handeln ungeschickt."

Aischylos

„Man darf niemals zu spät sagen. Auch in der Politik ist es niemals zu spät. Es ist immer Zeit für einen neuen Anfang."

Konrad Adenauer

„Gute Laune ist die Würze aller Wahrheit."

Pestalozzi

„Den Menschen fehlt nicht die Kraft. Es fehlt ihnen der Wille."

Victor Hugo

„Die Wahrheit geht manchmal unter, aber sie ertrinkt nicht."

Verfasser unbekannt

„Kunst wäscht den Staub des Alltags von der Seele."

Pablo Picasso

„Es gehört oft mehr Mut dazu, seine Meinung zu ändern, als ihr treu zu bleiben."

Hebbel

„Wenn der Mensch so viel Vernunft hätte wie Verstand, wäre alles viel einfacher."

Linus Pauling

„Phantasie ist die Tätigkeit, in Bildern zu denken."

Ernst Hohenemser

„Neue Besen kehren gut, aber die alten kennen die Ecken."

Verfasser unbekannt

„Man muß Zustimmung für seine Arbeit suchen, nicht Beifall."

Montesquieu

„Der Weg zum Erfolg führt bergauf. Versucht deshalb nicht, Geschwindigkeitsrekorde aufzustellen."

Sir Arthur Phelps

„Wer Freunde ohne Fehler sucht, bleibt ohne Freund."

Buch des Kabus

„Rückt die Meinungen des Volkes zurecht, und seine Sitten werden sich von selbst bessern."

Rousseau

„Die Wahrheit sagen heißt mit Liebe reden."

H. D. Thoreau

„Die beste Bildung findet ein gescheiter Mensch auf Reisen."

Goethe

„Mancher träumt so lange vom Glück, bis er es schließlich verschläft."

Verfasser unbekannt

„Strohköpfe fangen schnell Feuer."

Ludwig Fienhold

„Persönlichkeiten, nicht Grundsätze bewegen das Zeitalter."

Oscar Wilde

„Die echte Pädagogik ist eine Naturgabe, die wie ein geheimer Äther dem Charakter des Lehrers entströmen muß. Für die Erziehung muß man geboren sein."

Gutzkow

„Gewissen kann nur sein, wo Wissen ist."

Erhard Blanck

„Ein fauler Apfel steckt hundert gesunde an."

Verfasser unbekannt

„Verstand ist das beste Kapital."

Verfasser unbekannt

„Zum Mitleid gab die Natur vielen ein Talent, zur Mitfreude wenigen."

Hebbel

„An Rheumatismus und an wahre Liebe glaubt man erst, wenn man davon befallen wird."

Marie von Ebner-Eschenbach

„Die Strafe soll nicht größer sein als die Schuld."

Cicero

„Wer gegen sich selbst und andere wahr bleibt, besitzt die schönste Eigenschaft der größten Talente."

Goethe

„Einmal sehen ist besser als zehnmal hören."

Verfasser unbekannt

„Es gibt vielleicht auf der ganzen Welt kein anderes Mittel, ein Ding oder Wesen schön zu machen, als es zu lieben."

Robert Musil

„Es ist immer bezeichnend, was einer bewundert: Das, was er kann, oder das, was er nicht kann."

Heinrich Seidel

„Wir leben, solange wir nicht sicher sind."

Graham Greene

„Ignorieren ist noch keine Toleranz."

Theodor Fontane

„Niemand lernt schreiben, der nicht sehen gelernt hat."

Ludwig Reiners

„Geduld verlieren heißt Würde verlieren."

Verfasser unbekannt

„Wer Dein Schweigen nicht versteht, versteht auch Deine Worte nicht."

Elbert Hubbard

„Beim gesellschaftlichen Aufstieg empfiehlt es sich, freundlich zu den Überholten zu sein. Man begegnet ihnen beim Abstieg wieder."

Joe Herbst

„Die Erinnerungen verschönen das Leben, aber das Vergessen allein macht es erträglich."

Honoré de Balzac

„Dem Armen geht viel ab, dem Geizigen alles."

Verfasser unbekannt

„Nur wer bereut, dem wird verziehen im Leben."

Dante

„Die meisten Menschen wenden mehr Zeit und Kraft daran, um die Probleme herumzureden, als sie anzupacken."

Henry Ford

„Die Menschen neigen dazu, das Schlechte eher zu glauben als das Gute."

Boccaccio

„Dumme Gedanken hat jeder, nur der Weise verschweigt sie."

Wilhelm Busch

„Wenige Menschen denken, und doch wollen alle entscheiden."

Friedrich der Große

„Lüge nie, denn du kannst das doch nicht behalten, was du allen gesagt hast."

Konrad Adenauer

„Schönheit ist ein offener Empfehlungsbrief, der die Herzen im voraus für uns gewinnt."

Schopenhauer

„Es kann keiner gerecht sein, der nicht menschlich ist."

Marquis de Vauvenargues

„Die erste Bedingung, um mit anderen in Frieden leben zu können, ist die, mit sich selbst in Frieden zu sein."

Aristide Gabelli

„Glück ist meist nur ein Sammelname für Tüchtigkeit, Klugheit, Fleiß und Beharrlichkeit. „

Charles F. Kettering

„Wer die Dummköpfe hinter sich hat, verdient Vertrauen."

Jean Paul Satre

„Durch nichts bezeichnen die Menschen mehr ihren Charakter als durch das, was sie lächerlich finden."

Goethe

„Wer die Wahrheit geigt, dem schlägt man die Fiedel um den Kopf."

Christoph Lehmann

„Wer sich zu groß fühlt, um kleine Aufgaben zu erfüllen, ist zu klein, um mit großen Aufgaben betraut zu werden."

Jacques Tati

„Wer sich eine schwierige Aufgabe stellt, braucht keine Angst zu haben, daß er viel Konkurrenz bekommt."

Verfasser unbekannt

„Wer niemals bereit ist, unter Umständen auch eine größere Aufgabe zu übernehmen, als er zu erfüllen vermag, wird niemals alles leisten, wozu er fähig ist."

C. C. Mc Intosch

„Man kann alles verkaufen, wenn es gerade in Mode ist. Das Problem besteht darin, es in Mode zu bringen."

Ernest Dichter

„Die problemloseste Erziehung vollzieht sich durch Vorbilder."

Elfriede Hablé

„Keiner ist so taub wie der, der nicht hören will."

Verfasser unbekannt

„In der Politik wird Ratlosigkeit oft mit Geduld verwechselt. „

Roger Peyrefitte

„Der Verstand soll Fürst, der Wille Untertan, das Gewissen Richter sein."

Verfasser unbekannt

„Wenn Zweifel Herzens Nachbar wird, die Seele sich in Leid verwirrt."

W. von Eschenbach

„Ungläubigen die Wahrheit preisen, heißt Blinden schöne Dirnen weisen."

Gryphius

„Humor ist stets so gut wie der Ernst, der dahinter steht."

Elfriede Hablé

„Formel meines Glücks: Ein Ja, ein Nein, eine gerade Linie, ein Ziel."

Nietzsche

„Humor ist, wenn man trotzdem lacht."

Otto Julius Bierbaum

„Das Schönste an den meisten Männern ist die Frau an ihrer Seite."

Henri Kissinger

„Der Haß ist parteiisch, aber die Liebe ist es noch mehr."

Goethe

„Die Literatur ist der Ausdruck der Gesellschaft, wie das Wort der Ausdruck des Menschen ist."

A. de Bonald

„Die Musik drückt das aus, was nicht gesagt werden kann und worüber zu schweigen unmöglich ist."

Victor Hugo

„Hoffnung ist eine Art Glück, vielleicht das größte Glück, das diese Welt bereit hat."

Samuel Johnson

„Die Vernunft täuscht uns öfter als die Natur."

Vauvenargues

„Wir sind auf einer Mission: Zur Bildung der Erde sind wir berufen."

Novalis

„Der Gläubige, der nie gezweifelt hat, wird schwerlich einen Zweifler bekehren."

Marie von Ebner Eschenbach

„Wer einem Manne einen Fisch schenkt, gibt ihm für einen Tag zu essen. Wer ihn das Fischen lehrt, gibt ihm ein Leben lang zu essen."

Verfasser unbekannt

„Der Wille zur Wahrheit ist die höchstmögliche Form, sich ihr zu nähern."

Elfriede Hablé

„Für einen Künstler ist es vor allem gefährlich, gelobt zu werden."

Edvard Munch

„Es muß einer den Frieden beginnen wie einer den Krieg."

Stefan Zweig

„Niveauunterschiede entstehen nicht durch höhere Schulbildung, sondern durch niedrigere Herzensbildung."

Elfriede Hablé

„Man muß verstehen, die Früchte seiner Niederlagen zu ernten."

Otto Stoessi

„Beredsamkeit ist die Kunst, so von den Dingen zu sprechen, daß jedermann gern zuhört."

Pascal

„Das Schwierigste am Diskutieren ist nicht, den eigenen Standpunkt zu verteidigen, sondern ihn zu kennen."

André Maurois

„Geflüsterter Rat ist keine Erbse wert."

Verfasser unbekannt

„Die Wahrheit soll man sagen und dabei nicht viele Worte machen."

Demokrit

„Unter den Menschen gibt es viel mehr Kopien als Originale."

Pablo Picasso

„Originalität muß man haben, nicht danach streben."

Hebbel

„Der Kummer, der nicht spricht, raunt leise zu dem Herzen, bis es bricht."

Shakespeare

„Die größte Offenbarung ist die Stille."

Laotse

„Ein gutes Mittel gegen die Managerkrankheit: Stecke mehr Zeit in Deine Arbeit als Arbeit in Deine Zeit."

Friedrich Dürrenmatt

„Nicht mitzuhassen, mitzulieben bin ich hier."

Sophokles

„Sei friedlich: Sich nicht rächen kann auch eine Rache sein."

Danny Kaye

„Ohne Freunde ist unser Leben kein richtiges Leben."

Dante

„Nütze die Talente, die Du hast. Die Wälder wären sehr still, wenn nur die begabtesten Vögel sängen."

Henry van Dyke

„Das Geheimnis jeder Macht besteht darin, zu wissen, daß andere noch feiger sind als wir."

Ludwig Börne

„Der fremde Trost ist gut, doch besser ist der eig'ne Mut."

Verfasser unbekannt

„Allzu scharf macht schartig."

Verfasser unbekannt

„Die Ruhe tötet; nur wer handelt, lebt."

Theodor Körner

„Strebe nach Ruhe, aber durch das Gleichgewicht, nicht durch den Stillstand Deiner Tätigkeit."

Friedrich Schiller

„Der Demütige bleibt heil."

Lehre für Kagemni (altägyptisch, um 2500 v. Chr.)

„Den Stolz hat Gott noch stets vernichtet und Demut immer aufgerichtet."

Karl Immermann

„Demut ist die Fähigkeit, auch zu den kleinsten Dingen des Lebens emporzusehen."

Albert Schweizer

„Wer Freiheiten aufgibt, um Sicherheit zu gewinnen, verdient weder Freiheit noch Sicherheit."

Benjamin Franklin

„Man sollte den Menschen auch die Freiheit geben zu gehorchen."

Ludwig Marcuse

„Politik ist ein Streit der Interessen, der sich als Wettstreit der Prinzipien maskiert hat."

Ambrose Bierce

„Die Herrlichkeit der Welt ist immer adäquat der Herrlichkeit des Geistes, der sie betrachtet."

Heinrich Heine

„Alle klagen über ihr Gedächtnis, keiner über seinen Verstand."

La Rochefoucauld

„Der Intellektuelle hat ein scharfes Auge für Methoden und Werkzeuge, aber er ist blind gegen Ziele und Werte."

Albert Einstein

„Der Gescheitere gibt nach! Eine traurige Wahrheit; sie begründet die Weltherrschaft der Dummheit."

Marie von Ebner-Eschenbach

„Es gibt Menschen, die ereifern sich gegen Anschauungen, die sie in zwanzig Jahren haben werden."

Pablo Picasso

„Dummheit ist auch eine Form von Exklusivität."

Moritz Heimann

„Der Nachteil der Intelligenz besteht darin, daß man ununterbrochen gezwungen ist, dazuzulernen."

G. B. Shaw

„Vergib stets Deinen Feinden, nichts verdrießt sie so."

Oscar Wilde

„Die eigene Erfahrung hat den Vorzug völliger Gewißheit."

Schopenhauer

„Wer kein Herz für die Wahrheit hat, dessen Kopf nimmt früher oder später der Teufel."

Johann Heinrich Pestalozzi

„Ich bin Pessimist für die Gegenwart, aber Optimist für die Zukunft."

Wilhelm Busch

„Zu frühe Urteile sind Vorurteile, aus denen der Irrtum emporsteigt wie der Nebel aus dem Meer."

Johann Heinrich Pestalozzi

„Ein Spezialist ist jemand, der von immer weniger immer mehr weiß, bis er vom Nichts alles weiß."

Verfasser unbekannt

„Mit Dummheit kämpfen Götter selbst vergebens."

Friedrich Schiller

„Ein Kluger bemerkt alles, ein Dummer macht über alles eine Bemerkung."

Heinrich Heine

„Die Dummheit des Dummen ist sein Schwert, mit dem er sein Leben abschneidet."

Weisheitsbuch des Phibis (altägyptisch, 100 v. Chr.)

„Viel Übles hab an Menschen ich bemerkt, das Schlimmste ist ein unversöhnlich Herz."

Franz Grillparzer

„Die Sprache ist das Haus des Seins."

Heidegger

„Der Staat muß untergehen, früh oder spät, wo Mehrheit siegt und Unverstand entscheidet."

Friedrich Schiller

„Schreiben ist ein Mißbrauch der Sprache, stille für sich lesen ein trauriges Surrogat der Rede."

Goethe

„Moral ist eine Wichtigtuerei des Menschen vor der Natur."

Friedrich Nietzsche

„Das Glück besteht darin, in dem zur Maßlosigkeit neigenden Leben das rechte Maß zu finden."

Leonardo da Vinci

„Den Wert von Diamanten und Menschen kann man erst ermitteln, wenn man sie aus der Fassung bringt."

Marie von Ebner-Eschenbach

„Diplomatie ist ein Boxkampf in Glacehandschuhen, bei dem der Gong durch das Klingen der Sektgläser ersetzt wird."

Georges Pompidou

„Gib dem, der gern die Wahrheit sagt, ein Pferd, auf daß er entkommen kann."

Verfasser unbekannt

„Es ist der Geist, der sich den Körper baut."

Friedrich Schiller

„Zweifel ist der Weisheit Anfang."

Rene Descartes

„Einen Wahn verlieren macht weiser als eine Wahrheit finden."

Börne

„Wo immer ich Leben fand, fand ich auch den Willen zur Macht."

Friedrich Nietzsche

„Wer nicht die Frauen hinter sich hat, bringt es in der Welt zu keinem Erfolg."

Oskar Wilde

„Wer Wahrheit sucht, der darf die Stimmen nicht zählen."

Leibnitz

„Was alt ist, hat bewiesen, daß es lebensfähig ist."

Edward V. Rickenbacker

„Wo sich die Elephanten bekämpfen, hat das Gras den Schaden."

Verfasser unbekannt

„Keine Leistung entschädigt für den Verlust an menschlichem Frohsinn."

R. W. Emerson

„Rücksichtslosigkeiten, die edle Menschen erfahren haben, verwandeln sich in Rücksichten, die sie erweisen."

Marie von Ebner-Eschenbach

„Erziehen heißt vorleben. Alles andere ist höchstens Dressur."

Oswald Bumke

„Wo Informationen fehlen, wachsen Gerüchte."

Alberto Moravia

„Alles, was uns imponieren soll, muß Charakter haben."

Goethe

„Die großen Gedanken kommen aus dem Herzen."

Vauvenargues

„Mit Güte kann man fast jeden Menschen überraschen."

Pearl S. Buck

„Wer wirklich Autorität hat, wird sich nicht scheuen, Fehler zuzugeben."

Bertrand Russel

„Wer nach allen Seiten immer nur lächelt, bekommt nichts als Falten im Gesicht."

Verfasser unbekannt

„Der Mensch ist, was er als Mensch sein soll, erst durch Bildung."

Hegel

„Irren ist menschlich und vergeben göttlich."

Pope

„Ich habe mich eifrig bemüht, der Menschen Tun weder zu belachen, noch zu beweinen, noch zu verabscheuen, sondern es zu begreifen."

Spinoza

„Die größten Menschen sind diejenigen, die anderen Hoffnung geben können."

Jean Jaures

„An Scheidungsgründen fehlt es nie, wenn nur der gute Wille da ist."

Nestroy

„Was mit Gewalt erlangt worden ist, kann man nur mit Gewalt behalten."

Mahatma Gandhi

„Lernt einsehen, daß man bei Entschlüssen mit der Tat anfangen muß."

Franz Grillparzer

„Hoffnungslosigkeit darf es nicht geben, wenn Menschen mit Menschen leben."

Karl Jaspers

„Nichts auf der Welt ist stärker als Sanftheit."

Han Suyin

„Wenige Menschen sind weise genug, nützlichen Tadel verräterischem Lob vorzuziehen."

La Rochefoucauld

„Wer Recht erkennen will, muß zuvor in richtiger Weise gezweifelt haben."

Aristoteles

„Armselig der Schüler, der seinen Meister nicht übertrifft."

Leonardo da Vinci

„Es sollt ein Freund des Freundes Schwächen tragen."

Shakespeare

„Courage ist gut, Ausdauer ist besser."

Theodor Fontane

„Der Anfang großer Ereignisse ist wie der Anfang großer Flüsse – oft unscheinbar und klein."

Jonatan Swift

„Wer nach Rache strebt, hält seine eigenen Wunden offen."

Francis Bacon

„Das Leben hält immer neue Träume bereit, wenn alte Träume gehen. Bedauernswert ist, wer nur einen Traum hat."

Robert Goddard

„Der wahrhaft Bescheidene macht sich selbst weder klein, noch bläst er sich auf."

Dag Hammersköld

„Seelenleiden zu heilen vermag der Verstand nicht, die Vernunft wenig, die Zeit viel, entschlossene Tätigkeit alles."

Goethe

„So selten kommt der Augenblick im Leben, der wahrhaftig wichtig ist und groß."

Schiller

„Die Gewalt besitzt nicht halb so viel Macht als die Milde."

Samuel Smiles

„Unser größter Triumph liegt nicht darin, niemals zu fallen, sondern darin, immer wieder aufzustehen."

R. Waldo Emerson

„Die Lust an der Macht hat ihren Ursprung nicht in der Stärke, sondern in der Schwäche."

Erich Fromm

„Takt ist der Verstand des Herzens."

Karl Gutzkow

„Von Ruhm und Ehre wird das Herz durchaus nicht satt."

Friedrich Rückert

„Chancengleichheit bedeutet Gelegenheit zum Nachweis ungleicher Talente."

Sir Herbert Samuel

„Tapferkeit ist stets mit Menschlichkeit gepaart, während der Feige zur Grausamkeit neigt."

Verfasser unbekannt

„Bester Beweis einer guten Erziehung ist die Pünktlichkeit."

Lessing

„Wo viel Licht ist, ist starker Schatten."

Goethe

„Hoffen und Harren macht manchen zum Narren."

Ovid

„Glücklich zu sein ist eines der besten Mittel, um ein guter Mensch zu werden."

Eugen O'Neill

„Die Traurigkeit ist das Los der tiefen Seelen und der starken Intelligenzen."

A. Vinet

„Jedes Talent hat zwei Feinde: die Bewunderung und den Neid."

Tommaseo

„In der Wahl seiner Feinde kann der Mensch nicht vorsichtig genug sein."

Oskar Wilde

„Liebe besteht nicht darin, in den anderen hineinzustarren, sondern darin, gemeinsam nach vorn zu blicken."

Antoine de Saint-Exupery

„Popularität setzt immer Mittelmäßigkeit voraus."

Oskar Wilde

„Der Anblick eines wahrhaft Glücklichen macht glücklich."

Goethe

„Die Hoffnung trübt das Urteil, aber sie stärkt die Ausdauer."

Bulwer-Lytton

„Gewöhnlich lobt man, um gelobt zu werden."

La Rochefoucauld

„Das Gewissen ist die Stimme der Seele; die Leidenschaften sind die Stimmen des Körpers."

Rousseau

„Wo es Klugheit gibt, da schafft die Gewalt nichts."

Herodot

„Das Schlimmste in all den Dingen ist die Unentschlossenheit."

Napoleon Bonaparte

„Wer ist so fest, den nichts verführen kann?"

Shakespeare

„Zögern bringt Gefahr."

Shakespeare

„Es lastet auf dieser Zeit der Fluch der Mittelmäßigkeit."

Kurt Tucholsky

„Erfolg ersetzt alle Argumente."

Sigmund Graff

„Aufmerksamkeit ist die höchste aller Fertigkeiten und Tugenden."

Goethe

„Ernst ist das leben, heiter die Kunst."

Schiller

„Nicht das, was Du am Tag getan hast, sondern das, was Du versäumt hast, wird Dich bei Einbruch der Dämmerung beunruhigen."

Margaret Sangster

„Stets ist die Sprache kecker als die Tat."

Schiller

„Verachte nicht die Höhle, in der Du Dich einmal versteckt hast."

Suaheliweisheit

„Man empfindet Gott durch die Seele wie die Luft durch den Körper."

Joubert

„Nur die ungebildete Seite an uns ist es, von der her wir glücklich sind."

Goethe

„Versuche nicht, ein Mann des Erfolges zu werden. Werde lieber ein Mann von Wert."

Albert Einstein

„Nicht in der Erkenntnis liegt das Glück, sondern im Erwerben der Erkenntnis."

Edgar Allan Poe

„Irrtum bedeutet Finsternis für den Geist und eine Falle für die Tugend."

Vauvenargues

„Recht ist's, auch vom Feinde zu lernen."

Ovid

„Pflicht ist die Notwendigkeit einer Handlung aus Achtung für's Gesetz."

Immanuel Kant

„Wo alle das gleiche denken, denkt keiner viel."

Walter Lippmann

„Der einzige Beweis für Fähigkeiten sind Leistungen."

Verfasser unbekannt

„Jede Roheit hat ihren Ursprung in einer Schwäche."

Seneca

„Jeder Zwang ist Gift für die Seele."

Ludwig Börne

„Großmut findet immer Bewunderer, selten Nachahmer, denn sie ist eine kostspielige Tugend."

Nestroy

„Man kann in wahrer Freiheit leben und doch nicht ungebunden sein."

Goethe

„Der erhabene Kopf hat andere Versuchungen als der gemeine."

Schiller

„Das Angesicht verrät die Stimme des Herzens."

Dante

„Arroganz ist die Karikatur des Stolzes."

Freiherr von Feuchtersleben

„So selten kommt der Augenblick im Leben, der wahrhaft wichtig ist und groß."

Schiller

„Gut predigt, wer gut lebt … und ich kenne keine andere Theologie:"

Cervantes

„Es löst der Mensch nicht, was der Himmel bindet."

Schiller

„Doch der den Augenblick ergreift, das ist der rechte Mann."

Goethe

„Wahrheit ist die Sonne des Geistes:"

Vauvenargues

„Die zur Wahrheit wandern, wandern allein."

Christian Morgenstern

„Ein Geduldiger ist besser als ein Starker."

Bibel

„Der natürliche Stil der Geschichtsschreibung ist der ironische."

Schopenhauer

„Verallgemeinerung ist die Philosophie der Primitiven."

M. Y. Ben-Gavriel

„Der Weise ist nicht gelehrt, der Gelehrte ist nicht weise."

Laotse

„Tatsachen sind die wilden Bestien im intellektuellen Gelände."

Oliver Wendell Holmes

„Glück besitzt die Fähigkeit, sich zu verdoppeln, wenn man es teilt."

Elfriede Hablé

„Der Weg zur Hölle ist mit guten Bekannten gepflastert."

Kurt Kluge

„Wer tiefer irrt, der wird auch tiefer weise."

Gerhard Hauptmann

„Wohltat am falschen Orte ist gleich einer Übeltat."

Cicero

„Man ist eigentlich nur lebendig, wenn man sich des Wohlwollens anderer erfreut."

Goethe

„Das Lachen erhält uns vernünftiger als der Verdruß."

Schiller

„Es irrt der Mensch, solange er strebt."

Goethe

„Wer die anderen neben sich klein macht, ist nie groß."

J. G. Seume

„Der Wechsel allein ist das Beständige."

Schopenhauer

„Manche Hähne glauben, daß die Sonne ihretwegen aufgeht."

Theodor Fontane

„In der Moral wie in der Kunst ist Reden nichts, Tun alles."

Ernest Renan

„Besser ein weiser Tor als ein törichter Verräter."

Shakespeare

„Nur die Sehnsucht macht reich."

Ludwig Börne

„Der Wohlhabende weiß nicht, ob er geliebt wird."

Marcus Annaeus Lucanus

„Was ist vergeßlicher als Dankbarkeit?"

Schiller

„Tugend ist Energie gewordene Vernunft."

Friedrich Schlegel

„Wer Unheil ausbrütet, wird es auch fliegen lassen."

Wilhelm Raabe

„Die große Leidenschaft ist das Privileg derer, die sonst nichts zu tun haben."

Oscar Wilde

„Unter Blinden ist der Einäugige König."

Verfasser unbekannt

„Es ist nicht fremd, wer teilzunehmen weiß."

Goethe

„Nicht fort sollt Ihr Euch entwickeln, sondern hinauf."

Nietzsche

„Nächstenliebe lebt mit tausend Seelen, Egoismus mit einer einzigen, und die ist erbärmlich."

Marie von Ebner-Eschenbach

„Nachahmen und Nacheifern ist zweierlei."

J. Langbehn

„Das Verständnis reicht oft weiter als der Verstand."

Marie von Ebner-Eschenbach

„Unsere Fehlschläge sind lehrreicher als unsere Erfolge."

Henry Ford I.

„Höflichkeit ist der Widerschein der Sittlichkeit."

Jean Paul

„Man muß jedes Hindernis mit Beharrlichkeit und einer sanften Stimme angehen."

Thomas Jefferson

„Die Fassung der Edelsteine erhöht ihren Preis, nicht ihren Wert."

Börne

„Es bleibt einem jeden immer noch so viel Kraft, das auszuführen, wovon er überzeugt ist."

Goethe

„Gegen Schmerzen der Seele gibt es nur zwei Heilmittel: Hoffnung und Geduld."

Pythagoras

„Wer hohe Türme bauen will, muß lange beim Fundament verweilen."

Anton Bruckner

„Alle Dinge werden zu einer Quelle der Lust, wenn man sie liebt."

Thomas von Aquin

„Dem fliehenden Feind baue goldene Brücken."

Verfasser unbekannt

„Der kluge Mann baut vor."

Schiller

„Mißtraue dem ersten Impuls – er ist meistens edel."

Talleyrand

„Die Vernunft ist des Herzens größte Feindin."

Casanova

„Wer die Welt überzeugt, regiert sie."

Thomas Caryle

„Wir sind nicht nur für das verantwortlich, was wir tun, sondern auch für das, was wir nicht tun."

Moliere

„Das Überflüssige ist ein höchst notwendiges Ding."

Voltaire

„Beginne nicht mit einem großen Vorsatz, sondern mit einer kleinen Tat."

Verfasser unbekannt

„Ich wähle meine Freunde nach ihrem guten Aussehen, meine Bekannten nach ihrem guten Charakter und meine Feinde nach ihrem Verstand."

Oscar Wilde

„Ich kann allem widerstehen außer der Versuchung."

Oscar Wilde

„Muße ist das Kunststück, sich selbst ein angenehmer Gesellschafter zu sein."

H. Waggerl

„Was Hände bauten, können Hände stürzen."

Schiller

„Die Sinne trügen nicht, aber das Urteil trügt."

Goethe

„Der Mensch gewöhnt sich an wiederholte Liebe, nicht an wiederholte Ungerechtigkeit."

Jean Paul

„Freiwillige Nachahmung ist die erste Knechtschaft."

Mirabeau

„Die Bewunderung preist, die Liebe ist stumm."

Ludwig Börne

„Großes ist deshalb so schwierig, weil Einfaches so schwierig ist."

Elfriede Hablé

„Der Humor ist keine Gabe des Geistes, er ist die Gabe des Herzens."

Börne

„Das Schicksal mischt die Karten, und wir spielen."

Schopenhauer

„Nur der Irrtum ist das Leben, und das Wissen ist der Tod."

Schiller

„Ein jeder kehre vor seiner Tür, und rein ist jedes Stadtquartier."

Goethe

„Was mich nicht umbringt, macht mich stärker."

Nietzsche

„Ohne Leidenschaft gibt es keine Genialität."

Theodor Mommsen

„Kunst ist das, was Welt wird, nicht, was Welt ist."

Karl Kraus

„Sprachkürze gibt Denkweite."

Jean Paul

„Finde das richtige zu sagen, und dann sage es mit größtmöglicher Leichtfertigkeit."

G. B. Shaw

„Es hilft nicht groß zu tun, wenn man schwach ist."

Pestalozzi

„Nimm dem Herzen die Sehnsucht und Du nimmst der Erde die Luft."

Bulwer-Lytton

„Manche Hähne glauben, daß die Sonne ihretwegen aufgeht."

Fontane

„Wo das Herz reden darf, braucht es keine Vorbereitung."

Lessing

„Das wäre mir die rechte Höhe, da zu befehlen, wo ich nichts verstehe."

Goethe

„Zum Reichtum führen viele Wege, und die meisten von ihnen sind schmutzig."

Cicero

„Ein Geduldiger ist besser als ein Starker."

Sprüche Salomos

„Sein Gewissen war rein. Er benutzte es nie."

Lec

„Strebe nach Ruhe, aber durch das Gleichgewicht, nicht durch den Stillstand Deiner Tätigkeit."

Schiller

„Das Fundament aller Staatskunst besteht darin, die Menschen zu täuschen über das, was ihr eigener Vorteil ist."

J. J. Mohr

„Ist es ein Fortschritt, wenn ein Kannibale Messer und Gabel benützt?"

Lec

„Es gibt keine andere Offenbarung als die Gedanken der Weisen."

Schopenhauer

„Politiker sollten auch einmal Betroffenheit zeigen und nicht immer so verdammt siegessicher sein."

G. Grass

„Erkenntnis macht frei, Bildung fesselt, Halbbildung stürzt in Sklaverei."

Raabe

„Macht besitzen und nicht ausüben ist wahre Größe."

F. Beutelrock

„Man ist nicht klug, wenn man nur klügelt."

Grillparzer

„Nur der größte Weise und der größte Tor können sich ändern."

Konfuzius

„Des Nächsten Leid zu lindern hilft einem, das eigene zu vergessen."

Abraham Lincoln

„Wer andere besiegt, ist stark. Wer sich selbst besiegt, hat Macht."

Lao-Tse

„Am Anfang war das Wort – am Ende die Phrase."

Lec

„Kraft, die nicht wirkt, erschlafft."

Verfasser unbekannt

„Der Mensch, der es unternimmt, andere zu bessern, verschwendet seine Zeit, wenn er nicht bei sich selbst beginnt."

Ignatius von Loyola

„Viele glauben nichts, aber fürchten alles."

Hebbel

„Du wirst kaum jemanden finden, der bei offener Türe leben könnte."

Seneca

„Der Widerspruch ist es, der uns produktiv macht."

Goethe

„Ein guter Gedanke stählt des Mannes Herz."

Schiller

„Der Wahrheitsliebende wird aus der Stadt gejagt."

Verfasser unbekannt

„Die Absicht, daß der Mensch glücklich sei, ist im Plan der Schöpfung nicht enthalten."

Sigmund Freud

„Was uns den Weg verlegt, bringt uns voran."

Verfasser unbekannt

„Man kann den Armen nicht helfen, indem man die Reichen vernichtet."

Abraham Lincoln

„Tue, was Du fürchtest, und die Furcht wird Dir fremd!"

Dale Carnegie

„Gefolgschaft, mit Geld erkauft, wird von Geld zerstört."

Seneca

„Wenn eine Gesellschaft den Vielen, die arm sind, nicht helfen kann, kann sie auch die Wenigen nicht retten, die reich sind."

John F. Kennedy

„Ein Intellektueller ist ein Mensch, der nicht genug Körper hat, um seinen Geist zu bedecken."

Jean Giono

„Größe besitzt, wer uns nie an andere erinnert."

Ralph Waldo

„Alles Vortreffliche ist selten und schwierig."

Spinoza

„Dein Schicksal ruht in Deiner eigenen Brust."

Schiller

„Dasein ist köstlich – man muß nur den Mut haben, sein eigenes Leben zu führen."

Peter Rosegger

„Moral ist nichts weiter als die Haltung, die wir Leuten gegenüber einnehmen, gegen die wir eine persönliche Abneigung hegen."

Oscar Wilde

„Man bleibt nur gut, wenn man vergißt."

Nietzsche

„Das Tun interessiert das Getane nicht."

Goethe

„Der bessere Teil der Tapferkeit ist Vorsicht."

Shakespeare

„Wer nichts waget, der darf nichts hoffen."

Schiller

„Reichen die Kräfte nicht aus, so ist doch der Wille zu loben."

Ovid

„Wer nichts für andere tut, tut nichts für sich."

Goethe

„Nimm die Stunde wahr, eh sie entschlüpft."

Schiller

„Jedem Narren seine Kappe."

Verfasser unbekannt

„Alles in der Welt läßt sich ertragen, nur nicht eine Reihe von schönen Tagen."

Goethe

„Wie kann ein Mensch wahrhaft bleiben, der täglich lächeln muß, wo es nichts zu lachen gibt."

Curt Goetz

„Wenn das Schwein am fettesten ist, so hat es den Metzger am meisten zu fürchten."

Abraham a Santa Clara

„Alle Erziehung ist nur Handreichung zur Selbsterziehung."

Eduard Spranger

„Das Halbwahre ist verderblicher als das Falsche."

Feuchtersleben

„Das Rechte erkennen und nichts tun ist Mangel an Mut."

Konfuzius

„Durch das, was wir tun, erfahren wir bloß, was wir sind."

Schopenhauer

„Die Rede ist die Kunst, Glauben zu erwecken."

Aristoteles

„Kunst kommt nicht von können, sondern von müssen."

Schönberg

„Wir sind nur insofern zu achten, als wir zu schätzen wissen."

Goethe

„Der gefährlichste Gegner der Kraft ist die Schwäche."

Hugo von Hofmannsthal

„Menschen werden alt, wenn sie ihre Ideale im Stich lassen."

Kenneth B. Haas

„Sorgen ertrinken nicht im Alkohol. Sie können schwimmen."

Heinz Rühmann

„Der Mensch, der nur sich liebt, fürchtet nichts so sehr, als mit sich allein zu sein."

Pascal

„Phantasie ist ein guter Genius oder unser Dämon."

Kant

„Vollkommene Politik besteht darin, niemals das letzte Motiv zu enthüllen."

B. Disraeli

„Kluge Köpfe sprechen über Ideen, mittelmäßige über Vorgänge und schwache über Menschen."

Verfasser unbekannt

„Wer das Schmutz'ge anfaßt, den besudelt's."

Kleist

„Die Theorie träumt, die Praxis belehrt."

Karl von Holtei

„Wer leicht glaubt, wird leicht betrogen."

Verfasser unbekannt

„Anfangen ist leicht, Beharren ist Kunst."

Verfasser unbekannt

„Mache nicht unerträglich Schmerz durch ewige Klagen."

Sophokles

„Wer das Große nicht in Gott findet, der findet es überhaupt nicht mehr."

Friedrich Nietzsche

„Wer sich am Ziele glaubt, geht zurück."

Lao-Tse

„Wer auf Rache aus ist, der grabe zwei Gräber."

China

„Unglück macht Menschen. Wohlstand macht Ungeheuer."

Victor Hugo

„Ein Kerl, den alle Menschen hassen, der muß was sein."

Goethe

„In der Welt lernt der Mensch nur aus Not oder Überzeugung."

Pestalozzi

„Erst im Unglück weiß man wahrhaft, wer man ist."

Stefan Zweig

„Alles Unbekannte gilt für groß."

Tacitus

„Wenn der Kopf ab ist, weint man den Haaren nicht nach."

Nikita Chruschtschow

„Gott ist nahe, wo die Menschen einander Liebe zeigen."

Pestalozzi

„Wer durch Straucheln gehen lernt, dem geht's gut; aber wer durch's Fallen straucheln lernt, dem geht es sehr übel."

Pestalozzi

„Erfolg ist so ziemlich das Letzte, was einem vergeben wird."

Truman Capote

„Die Menschen werfen sich im Politischen wie auf dem Krankenlager von einer Seite auf die andere, weil sie glauben, dann besser zu liegen."

Goethe

„Fahre nicht aus der Haut, wenn Du kein Rückgrat hast."

Lec

„Ein jeder Mann von Mut ist auch ein Mann von Wort."

Corneille

„Übertriebene Bescheidenheit ist auch Eitelkeit."

Kotzebue

„Kritiker sind blutrünstige Leute, die es nicht bis zum Henker gebracht haben."

G. B. Shaw

„Wer bei seinen Handlungen immer auf Vorteil bedacht ist, wird sich viele Feinde machen."

Konfuzius

„Sei reizend zu Deinen Feinden, nichts ärgert sie mehr."

Carl Orff

„Gescheite Hähne frißt der Fuchs auch."

Verfasser unbekannt

„Gleiche Bürde hält feste Freundschaft."

Verfasser unbekannt

„Verlorenes Vertrauen ist schwer zurückzugewinnen, denn Vertrauen wächst nicht nach wie ein Zehennagel."

Johannes Brahms

„Ein echter Mann ehrt sich in andern auch."

Grillparzer

„Gut gehauene Steine schließen sich ohne Mörtel aneinander."

Cicero

„Genügsamkeit ist natürlicher Reichtum, Luxus künstliche Armut."

Sokrates

„Der Wille lockt die Taten nicht herbei."

Goethe

„Vollkommene Aufrichtigkeit ist der Weg zur Originalität."

Baudelaire

„Die Wahrheit triumphiert nie; ihre Gegner sterben nur aus."

Max Plank

„Nur wer verzagend das Steuer losläßt, ist im Sturm verloren."

Geibel

„Mit der Macht kann man nicht flirten. Man muß sie heiraten."

A. Malraux

„Es ziemt dem Menschen, nicht mehr zu grübeln, wo er nicht mehr wirken soll."

Goethe

„Schätze Deine Größe nicht nach Deinem Schatten."

Verfasser unbekannt

„Du wirst aufhören zu fürchten, wenn Du aufhörst zu hoffen."

Seneca

„Das Leben zählt nichts, wo die Freiheit fällt."

Theodor Körner

„Das Recht des Stärkeren ist das stärkste Unrecht."

Marie von Ebner-Eschenbach

„Denn viele sind berufen, aber wenige sind auserwählt."

Bibel

„Durch Eintracht wächst das Kleine, durch Zwietracht zerfällt das Größte."

Sallust

„Was man nicht aufgibt, hat man nie verloren."

Schiller

„Kinder beginnen damit, daß sie ihre Eltern lieben. Nach einiger Zeit sitzen sie über sie zu Gericht; selten, wenn überhaupt, verzeihen sie ihnen."

Oscar Wilde

„Aufrichtig zu sein, kann ich versprechen, unparteiisch zu sein aber nicht."

Goethe

„Von oben herab muß reformiert werden, wenn nicht von unten herauf revolutioniert werden soll."

K. J. Weber

„Es ist besser, ein junger Spatz zu sein, als ein alter Paradiesvogel."

Mark Twain

„Drei können ein Geheimnis bewahren, wenn zwei von ihnen tot sind."

Benjamin Franklin

„Wer ein Problem definiert, hat es schon halb gelöst."

Julian Huxley

„Grundsätze sind ein Korsett, das mit der Zeit immer enger wird."

Victor de Kowa

„Die Tapferkeit schwindet, wenn sie keinen Gegner hat."

Seneca

„Vorsicht ist das, was wir bei anderen Feigheit nennen."

Oscar Wilde

„Es ist ungerecht, Priestern das Heiraten zu verbieten. Womit haben sie dieses Privileg verdient?"

Ramon Cerda

„Die Kinderkrankheiten der Seele brechen erst bei Erwachsenen aus."

Hans Weigel

„Vorstellungskraft ist wichtiger als Wissen."

Albert Einstein

„Manche Karrieristen sind wie Efeu: Kriechend steigen sie auf."

Henry Tisot

„Erfolgsmenschen sind leicht zu erkennen, sie haben blaue Flecken an den Ellenbogen."

Rudolf Platte

„Es gibt nichts Schöneres, als dem Schweigen eines Dummkopfes zuzuhören."

Helmut Qualtinger

„Wenn Freiheit überhaupt was bedeutet, dann vor allem das Recht, anderen Leuten das zu sagen, was sie nicht hören wollen."

George Orwell

„Der Gipfel des Ruhmes ist, wenn man seinen Namen überall findet, nur nicht im Telephonbuch."

Henry Fonda

„Zwei Dinge sind unendlich, das Universum und die menschliche Dummheit. Aber bei dem Universum bin ich mir nicht ganz sicher."

Albert Einstein

„Demokratie ist jene Staatsform, in der man sagt, was man will, und tut, was einem gesagt wird."

Gerald Barry

„Denkmäler sind die Rache der Nachwelt an großen Männern. Dem Unwetter preisgegeben, von Tauben beschmutzt, und am Sockel von Hunden angepinkelt, müssen sie ihre Zeit in starrer Haltung verbringen."

Winston Churchill

„Unter Gleichberechtigung verstehen manche Männer, daß sie auch eine Freundin haben möchten, weil ihre Frau eine Freundin hat."

Lisa Goccioni

„Gruppensex ist angewandter Sozialismus: Er demonstriert in sinnfälliger Weise die Vergesellschaftung von Produktionsmitteln."

Klaus Peter Schreiner

„Opposition ist die Kunst, etwas zu versprechen, was die Regierung nicht halten kann."

Harald Nicolson

„Ein Snob ist, wer sich den Spinat durch Fleurop zuschicken läßt."

Verfasser unbekannt

„Sozialpolitik ist der verzweifelte Entschluss, an einem Krebskranken eine Hühneraugenoperation vorzunehmen."

Karl Kraus

„Spezialisten sind Leute, die immer mehr über immer weniger wissen, bis sie zuletzt alles über nichts und nichts über alles wissen."

Danny Kaye

„Subordination ist die Fähigkeit, um zwei Grad dümmer zu erscheinen, als der nächste Vorgesetzte tatsächlich ist."

Verfasser unbekannt

„Zukunftsforschung heißt die Kunst, sich zu kratzen, bevor es einen juckt."

Peter Sellers

„Allen ist das Denken erlaubt. Vielen bleibt es erspart."

Curt Goetz

„Wer den Mund hält, wenn er merkt, daß er Unrecht hat, ist weise. Wer den Mund hält, obwohl er recht hat, ist verheiratet."

Verfasser unbekannt

„Man braucht nicht immer denselben Standpunkt zu vertreten, denn niemand kann einen daran hindern, klüger zu werden."

Konrad Adenauer

„Wer in Versuchung kommt, sich ernst zu nehmen, der braucht bloß sein Paßfoto anzuschauen."

Georg Thomalla

„Man ist besser dran mit einem intelligenten Feind als mit einem stupiden Freund."

David Ben Gurion

„Wer auf frischen Wind wartet, darf nicht verschnupft sein, wenn er kommt."

Helmut Qualtinger

„Eine zweite Ehe ist der Triumph der Hoffnung über die Erfahrung."

Samuel Johnson

„Bei Licht besehen ist auch der Leithammel nur ein Schaf."

Ernst Hohenemser

„Krise kann ein produktiver Zustand sein. Man muß ihr nur den Beigeschmack der Katastrophe nehmen."

Max Frisch

„Erfolg steigt den Menschen vielfach zu Kopf, aber am schlimmsten wirkt er sich gewöhnlich auf die Bauchpartie aus."

Orson Welles

„Wer viel arbeitet, macht viele Fehler. Wer nichts arbeitet, macht keine Fehler. Wer keine Fehler macht, wird befördert."

Verfasser unbekannt

„Es ist sicher eine gute Sache, aus gutem Hause zu sein, aber das Verdienst gebührt den Vorfahren."

Plutarch

„Der Verlust von Scham ist das erste Zeichen des Schwachsinns."

Sigmund Freud

„Der wirklich Mächtige trägt seine Macht unter dem Revers – nicht im Knopfloch."

Roger Peyrefitte

„Krieg ist zuerst die Hoffnung, daß es einem besser gehen wird, hierauf die Erwartung, daß es dem anderen schlechter gehen wird, dann die Genugtuung, daß es dem anderen auch nicht besser geht und schließlich die Überraschung, daß es beiden schlechter geht."

Karl Kraus

„Wer über sich selbst lachen kann, wird am ehesten ernst genommen."

Verfasser unbekannt

„Es genügt nicht, keine Gedanken zu haben. Man muß auch unfähig sein, sie auszudrücken."

Karl Kraus

„Viele von denen man glaubt, sie seien verstorben, sind bloß verheiratet."

Francoise Sagan

„Mancher in der Politik hinterläßt eine Lücke, die ihn vollständig ersetzt."

Henri Tisot

„Die Politik ist eine Bühne, auf der die Souffleure manchmal lauter sprechen als die Darsteller."

Ignazio Silone

„Stellen Sie sich vor, die Schwachen würden bei uns die Mehrheit bilden – vorläufig bilden sie nur die Regierung."

Dieter Hidebrandt

„Es gibt soziale Staaten, die von den Klügsten regiert werden. Das ist bei den Pavianen der Fall."

Konrad Lorenz

„Wenn ein Politiker stirbt, kommen viele zur Beerdigung nur deshalb, um sicher zu sein, daß man ihn wirklich begräbt."

Georges Clemenceau

„Erstaunlich viele Politiker suchen den besten Kopf ihres Landes vor dem Spiegel."

Saul Steinberg

„Als ich Diplomat wurde, war es das erste, was ich lernen mußte, den Mund zu halten – in vielen Sprachen."

Golda Meir

„Senkrechtstarter starten nicht nur senkrecht, sie kommen auch so runter."

Horst Ehmke

„Ich glaube an das Gute im Menschen, rate aber, sich auf das Schlechte in ihm zu verlassen."

Alfred Polgar

„Als Gott den Menschen erschuf, war er bereits müde; das erklärt manches."

Mark Twain

„Schein hat mehr Buchstaben als Sein."

Karl Kraus

„Wo viel Gefühl ist, ist auch viel Leid."

Leonardo da Vinci

„Man veredelt die Pflanzen durch die Zucht und die Menschen durch Erziehung."

Rousseau

„Kinder und Uhren dürfen nicht beständig aufgezogen werden. Man muß sie auch gehen lassen."

Jean Paul

„Der Charakter ruht auf der Persönlichkeit, nicht auf den Talenten."

Goethe

„Gute Erziehung hat einen argen Nachteil: Sie schließt einen von vielem aus."

Oscar Wilde

„Gott gibt die Nüsse, aber er beißt sie nicht auf."

Goethe

„Habe den Mut, Dich Deines eigenen Verstandes zu bedienen."

Immanuel Kant

„Wer Kritik begrüßt und sich nach ihr richtet, wird sie fast höher einschätzen als Freundschaft; wer Kritik aus Sorge um die Erhaltung seiner Position bekämpft, verurteilt sich selbst zum Stillstand."

Magee, Karl Popper

„Den Vollidioten erkennt man eben daran, daß er durch nichts aus der Fassung zu bringen ist. Er ist stets bereit, sich über das eine Meinung zu bilden, was er nicht versteht, und unfehlbar über das zu urteilen, was er nicht weiß."

André Glucksmann

„Die Partei ist eine Kampfgemeinschaft von Intimfeinden."

Helmar Nahr

„Eine Partei kann immer nur ein Mittel sein, und immer gibt es nur einen einzigen Zweck: die Macht."

Jean-Paul Satre

„Eine Partei ist die Gesamtheit jener, die sich einbilden, derselben Meinung zu sein."

Charles Tschopp

„Partei: Zweckverband, um Menschen in Stellungen zu bringen, für die das eigene Können nicht ausgereicht hätte. Parteischädigendes Verhalten: Einsetzen eigener Denktätigkeit."

Taddhäus Troll

„Koalition: Eine Partei wäscht die andere."

Lothar Schmid

„Politische Parteien beurteilt man heutzutage danach, wie sie ihre Funktionäre behandelt."

Marcel Mort

„Parteilosigkeit ist eine bürgerliche Idee, Parteilichkeit ist eine sozialistische Idee."

Lenin

„Ein Mensch, der nicht geschunden wird, wird nicht erzogen."

Menander (422. Gnome aus den Monostichen)

„Man sieht nur mit dem Herzen gut. Das Wesentliche ist für die Augen unsichtbar."

Antoine de Saint-Exupery

„Ich sitze im kleinsten Raum meines Hauses und habe die Zeitung mit Ihrer Kritik vor mir. Bald werde ich sie hinter mir haben."

Bernhard Shaw

„Besser wäre es, es gäbe anstatt von tausend Worten
Nur eines, das jedoch Frieden brächte.
Besser wäre es, es gäbe anstatt von tausend Versen
Nur einen, der jedoch das Schöne zeigt.
Besser wäre es, es gäbe anstatt von tausend Liedern
Nur eines, das jedoch Freude verbreitet."

Dhammapada (Buddha zugesprochen)

„Draußen liegt neben dem, was richtig und dem was falsch ist, ein riesiges Feld. Dort werden wir uns treffen."

Mevlana Jalaluddin Rumi, 13. Jh.

Winston Churchill
britischer Staatsmann (1874–1965)

Mit dem Geist ist es wie mit dem Magen: Man kann ihm nur Dinge zumuten, die er verdauen kann.

Die alten Wörter sind die besten und die kurzen die allerbesten.

Man soll dem Leib etwas Gutes bieten, damit die Seele Lust hat, darin zu wohnen.

Lache nicht über die Dummheit der anderen! Sie kann deine Chance sein.

Es ist sinnlos zu sagen: Wir tun unser Bestes. Es muss dir gelingen, das zu tun, was erforderlich ist.

Es gibt drei Sorten von Menschen: solche, die sich zu Tode sorgen; solche, die sich zu Tode arbeiten; und solche, die sich zu Tode langweilen.

Aufschub ist die tödlichste Form der Ablehnung.

Ein Experte ist ein Mann, der hinterher genau sagen kann, warum seine Prognose nicht gestimmt hat.

Es ist ein großer Vorteil im Leben, die Fehler, aus denen man lernen kann, möglichst frühzeitig zu machen.

Wenn es morgens um sechs Uhr an meiner Tür läutet und ich kann sicher sein, dass es der Milchmann ist, dann weiß ich, dass ich in einer Demokratie lebe.

Ich glaube nur an Statistiken, die ich selbst gefälscht habe.

Ohne die Küche meiner Frau wäre ich nicht so alt geworden.

Dem Kapitalismus wohnt ein Laster inne: Die Verteilung der Güter. Dem Sozialismus hingegen wohnt eine Tugend inne: Die gleichmäßige Verteilung des Elends.

Persönlich bin ich immer bereit zu lernen, obwohl ich nicht immer belehrt werden möchte.

Die Menschheit ist zu weit vorwärts gegangen, um sich zurückzuwenden und bewegt sich zu rasch, um anzuhalten.

Die meisten Menschen sind bereit zu lernen, aber nur die wenigsten, sich belehren zu lassen.

Wenn zwei Menschen immer dasselbe denken, ist einer von ihnen überflüssig.

Alle großen Dinge sind einfach und viele können mit einem einzigen Wort ausgedrückt werden: Freiheit, Gerechtigkeit, Ehre, Pflicht, Gnade, Hoffnung.

Demokratie ist die Notwendigkeit, sich gelegentlich den Ansichten anderer Leute zu beugen.

Eine Gemeinde kann ihr Geld nicht besser anlegen, als indem sie Geld in Babys steckt.

Die Freiheit der Rede hat den Nachteil, daß immer wieder Dummes, Häßliches und Bösartiges gesagt wird. Wenn wir aber alles in allem nehmen, sind wir doch eher bereit, uns damit abzufinden, als sie abzuschaffen.

Ein leidenschaftlicher Raucher, der immer von der Gefahr des Rauchens für die Gesundheit liest, hört in den meisten Fällen auf – zu lesen.

Der wahre Realist vergisst nicht, Ideale in Rechnung zu stellen. Mit bösen Worten, die man ungesagt hinunterschluckt, hat sich noch niemand den Magen verdorben.

Solange unsere Sicherheit kein Kind der Vernunft sein kann, muss sie eine Tochter des Schreckens sein.

Der Preis der Größe heißt Verantwortung.

Nach Meinung der Sozialisten ist es ein Laster, Gewinne zu erzielen. Ich bin dagegen der Ansicht, daß es ein Laster ist, Verluste zu machen.

Besser einander beschimpfen als einander beschießen.

Der, den ich liebe
Hat mir gesagt
Daß er mich braucht.
Darum
Gebe ich auf mich acht
Sehe auf meinen Weg und
Fürchte von jedem Regentropfen
Daß er mich erschlagen könnte.
Bert Brecht

„Lieben heißt, in dem anderen sich selbst erobern."

Friedrich Hebbel

„Auch ist es vielleicht nicht eigentlich Liebe, wenn ich sage, daß du mir das Liebste bist: Liebe ist, daß du mir das Messer bist, mit dem ich in mir wühle."

Franz Kafka

„Der christliche Grundwert der Nächstenliebe endet dort, wo man anfängt aufzurechnen, in Gut und Böse, in würdig und unwürdig.
Echte Nächstenliebe beginnt da, wo es unbequem wird; wo sie eben nicht zur „Behübschung des Alltags" dient, sondern *dem Geringsten unserer Brüder* gilt."

BB

„Verantwortung übernehmen, nicht nur für sich selbst, sondern auch für die gesamte Gruppe, ist ein Merkmal funktionierender Partizipation, funktionierender demokratischer Strukturen."

Verfasser unbekannt

„Nicht der Kritiker zählt, nicht derjenige, der mit dem Finger auf den starken Mann weist, wenn er strauchelt oder auf einen tätigen Menschen, der etwas hätte besser machen können. Das Ansehen gebührt dem Menschen, der sich tatsächlich in der Arena befindet, dessen Gesicht mit Staub, Schweiß und Blut verschmiert ist und der mutig kämpft und dabei irrt und immer wieder das Ziel nicht erreicht, denn ohne Irrtum und Unzulänglichkeiten wird keine menschliche Leistung vollbracht; demjenigen, der größte Begeisterung

und höchste Hingabe kennt, der sein Leben für eine ehren-
werte Sache einsetzt. Im besten Falle wird er den Triumph
des Sieges erfahren, im schlimmsten Falle wird er straucheln.
Doch selbst im Fallen hat er Größe, denn er hat mutig gelebt
und stand über jenen kleinmütigen Seelen, die niemals Sieg
oder Niederlage erfahren haben."

US Präsident Roosevelt 1919

„Der Mensch hat drei Wege, klug zu handeln. Erstens durch
Nachdenken: Das ist der edelste. Zweitens durch Nachah-
men: Das ist der leichteste. Drittens durch Erfahrung: Das ist
der bitterste."

Konfuzius